AF341780

GUERRE DU PARAGUAY

FAITS AUTHENTIQUES

DE L'OCCUPATION D'UNE PROVINCE BRÉSILIENNE

PAR LES PARAGUAYENS

AVANT-PROPOS

Il est déjà bien connu que le maréchal Lopez, président de la république du Paraguay, a commencé la guerre contre le Brésil par l'invasion d'une partie de la province de Mato Grosso, que son armée a trouvée complétement dépourvue de défense. Les secours envoyés par le gouvernement brésilien ont eu la plus grande difficulté à arriver à ces parages, à cause du manque absolu de routes, toutes les communications se faisant jusqu'alors par le fleuve Paraguay.

Les Paraguayens se sont donc trouvés, pendant plus de deux ans, maîtres de tout le pays qu'ils avaient envahi, et l'ont administré militairement sous le nom de district du Haut-Paraguay.

Enfin les secours du gouvernement sont arrivés, et la province de Mato Grosso fut délivrée des Paraguayens, sauf le fort de Coïmbra, qui n'a pas encore été attaqué.

A Corumba, siége du gouvernement paraguayen, la résistance a été désespérée et la place prise d'assaut. Le commandant militaire, le lieutenant colonel Hermogenes Cabral et l'aumônier de l'armée, Manoel Idoyaga, sont morts dans le combat.

Le président (ainsi sont nommés au Brésil les préfets) de la province de Mato Grosso accompagnait l'expédition. Il a trouvé, après la prise de Corumba, les archives complètes du gouvernement paraguayen, et il en a fait à la hâte quelques extraits qu'il s'est empressé d'envoyer au ministre de la guerre.

1867

Le gouvernement brésilien a ordonné que la plus grande publicité fût donnée à ces extraits. C'est par suite de ces ordres que la traduction française de ces pièces officielles a été faite, et qu'elle est publiée dans les documents ci-après.

L'Europe verra de quelle manière les lois de la guerre, les droits de l'humanité, et enfin les DEVOIRS DU PRÊTRE CATHOLIQUE sont compris par ce gouvernement qui a de républicain le nom, et d'ultra-despotique les mœurs et les allures.

Les peuples non civilisés ne comprennent la guerre qu'avec la haine contre chaque soldat, chaque citoyen du pays ennemi. Des actes de barbarie, donc, pratiqués par la soldatesque, peuvent être quelquefois inévitables, mais les actes de cruauté qui sont mis aujourd'hui devant les yeux du public n'ont pas été commis *par la soldatesque*. C'est d'après les ordres du maréchal président de la république du Paraguay qu'on arrache PAR LA TORTURE la confession de crimes imaginaires à de pauvres gens qu'on a trouvés tranquilles dans leurs maisons ; qu'après LA FLAGELLATION on les met à mort ; et que l'on condamne à LA PEINE DU FOUET, pour les mêmes fautes imaginaires, de MALHEUREUSES FEMMES, MÊME MINEURES.

C'est aux juges compétents à décider si l'acte du chapelain Idoyaga, présenté comme un moyen permis de découvrir de prétendus criminels, N'EST PAS LE PLUS ODIEUX ABUS DU CONFESSIONNAL.

Paris, le 12 octobre 1867.

DOCUMENTS BRÉSILIENS

I.

A Son Excellence M. le Ministre de la guerre J.-L. da Cunha
Paranagua.

Palais du Gouvernement de la province de Mato Grosso,
provisoirement à Corumba le 24 juin 1867.

Excellence,

Après ce que j'ai eu l'honneur de vous annoncer dans mon rapport
du 22 courant, j'ai à ajouter que les Paraguayens ont évacué les points
de Saint-Joaquim, Pirapitangas, Urucu, Aldea do Mato et Albuquerque,
lesquels avec ceux de Cerro Dourado, Mangabal et Taquary, évacués
avant leur déroute, formaient ce qu'ils appelaient le district militaire du
Haut-Paraguay. Malheureusement, la petite vérole désole toute cette
contrée. Dans cette expédition, je n'ai pris que les objets nécessaires,
afin que ma petite division de 2,000 hommes ne fût pas gênée dans sa
marche. Je n'ai donc pas les ressources nécessaires pour soigner les malades. Parmi les soldats, il n'y a que ceux des autres provinces qui soient
vaccinés. Me trouvant à 160 lieues des dépôts et des ressources placées
dans la capitale, je considère que l'invasion du mal dans les soldats serait
d'une plus grande gravité qu'une défaite. J'ai donc jugé préférable de
nous soumettre à une nouvelle rencontre avec les Paraguayens, s'ils
venaient une seconde fois occuper ces points, que de décourager et perdre
ces forces dans une mort sans gloire, et communiquer la peste à la province.

J'ai, d'après ce plan, défendu toute communication avec les infectés,
me limitant à laisser ici une garde, afin d'observer les mouvements de
l'ennemi, et j'ai donné l'ordre pour que le reste se retirât ainsi que la
flottille.

J'ai fait embarquer pour la capitale les familles brésiliennes prises aux
Paraguayens. L'état de nudité dans lequel elles se trouvaient m'a obligé
à acheter 300 vêtements et 300 chemises pour être distribués aux plus
pauvres. J'ai pu me les procurer de deux négociants boliviens qui étaient
arrivés de Santa-Cruz peu de jours avant l'attaque de cette place.

J'ai fait aussi donner passage gratuit à ces deu négociants et à leurs employés, bien sûr que la protection accordée à des sujets d'une puissance amie est d'accord avec la pensée du gouvernement impérial. Un des employés est devenu fou.

Les prisonniers paraguayens suivent également sous bonne escorte, mais sans chaînes, et ils sont aussi bien traités que nos soldats. Le sous-lieutenant paraguayen Franco, qui avait été amputé d'un bras, s'est arraché l'appareil pendant cette nuit, et le matin on le trouva mort (1).

Parmi nos blessés, est mort aujourd'hui un soldat ; les autres, tant brésiliens que paraguayens, paraissent hors de danger, d'après le rapport du médecin chargé de l'hôpital. Ce matin, six Paraguayens ont voulu passer le fleuve dans un petit canot qui a sombré, et trois sont morts, malgré les secours que je leur avais fait porter par les soldats de mon escorte.

J'ai fait retirer de la place et embarquer toute la poudre et les munitions d'infanterie et d'artillerie que nos transports ont pu recevoir sans danger, et j'ai fait jeter le restant à la rivière, parce que j'ai vu dans les archives que le vapeur *Igurey* devait venir en prendre une grande partie pour a porter à l'Assumpçao. J'ai également fait embarquer une grande quantité de sel, d'outils de sapeurs, tels que haches, pelles et autres, que je savais être nécessaires pour les travaux des fortifications qui sont en voie de construction dans la capitale de cette province. Telles sont les mesures que j'ai pxises.

Votre Excellence trouvera ci-jointes les copies du rapport officiel du combat et de l'ordre du jour du commandant du 1er bataillon, et j'appelle l'attention de Votre Excellence sur les services rendus par les officiers dont il est fait mention.

A la liste des trophées déjà désignés par le commandant, je dois ajouter une pièce très-importante, ce sont les archives de la place, qui sont aussi celles du gouvernement de tout le territoire brésilien de cette province, occupée par les Paraguayens. Ces archives se composent de livres et de papiers.

La Providence divine paraît avoir inspiré au gouvernement paraguayen l'idée d'inscrire avec le plus scrupuleux détail, jour par jour, la honteuse histoire de sa domination sur le territoire brésilien, pour la remettre complète entre nos mains. Le général Lopez, quand il niait nos assertions à l'égard des cruautés commises sur les prisonniers brésiliens, serait bien humilié si on pouvait alors lui montrer les communications officielles, trouvées ici, de son délégué, dans lesquelles il lui fait part qu'en vertu des ordres revêtus de sa signature les Brésiliens pris

---

(1) C'est la deuxième fois qu'on a vu un officier paraguayen blessé et soigné dans les ambulances brésiliennes employer ce moyen de suicide.

à Mangabal avaient été tués à coups de lance, parce qu'ils refusaient de donner des renseignements sur les forces que l'on préparait contre les Paraguayens, forces dont ils ne pouvaient connaître nullement l'existence.

Le monde entier saura que non-seulement les Brésiliens, mais tout étranger, même les marchands boliviens, instamment invités à venir approvisionner Corumba, étaient déshabillés, sans distinction de sexe, attachés à un banc et fouettés souvent jusqu'à ce que mort s'en suivît.

On avait recours à ces cruautés pour des crimes imaginaires, et l'autorité proclamait qu'un châtiment pareil attendait tous ceux qui chercheraient à en connaître les causes.

Ces pièces prouveront la valeur des insultes et des calomnies que les journaux paraguayens déversent sur notre société.

Ces archives, que je n'ai pu examiner en entier, malgré un travail de vingt-sept heures, me font connaître un important secret.

Aussitôt que la troupe aura passé le fleuve, ce qui, je l'espère, sera effectué à neuf heures du soir, je retournerai à la capitale, où m'appellent les devoirs de ma charge.

Que Dieu garde Votre Excellence !

Signé : J.-V. Couto de MAGALHAES,

Président de la province de Mato Grosso.

II.

A S. Exc. M. le Ministre de la guerre, J.-L. DA CUNHA Paranagua.

Palais du gouvernement de la province de Mato Grosso, provisoirement à Corumba, le 10 juillet 1867.

Le président de la république du Paraguay ayant, dans la conférence qu'il a eue avec les généraux alliés, témoigné sa reconnaissance pour la manière dont étaient traités les prisonniers paraguayens, assurant que les prisonniers brésiliens n'étaient pas moins bien traités, je crois de mon devoir de remettre à Votre Excellence copie d'une dépêche du 28 novembre 1865, prise dans les archives de Corumba, où se trouve le honteux récit de l'exécution de six Brésiliens, tués après avoir été fouettés et maltraités, pour l'unique grief d'avoir eu des rapports avec le nommé Francisco Paes, qu'on disait notre espion. J'appelle toute votre attention sur le passage de la déclaration de l'avant-dernier condamné, d'où il résulte que cette déclaration lui fut arrachée par le prêtre Manoel Idoyaga, sous prétexte de confession *in articulo mortis*. Je joins également copie d'une dépêche où le commandant du district communique au gouvernement du Paraguay qu'*il a autorisé le capitaine Pedro Gonsalves à tuer les Brésiliens pris à Mangabal, s'ils refusaient de donner des détails suffisants sur nos forces;* ils ont été effectivement tués à *coups de lance*, attendu que les Paraguayens n'ont pu obtenir les renseignements qu'ils exigeaient, renseignements que ces infortunés ne pouvaient d'ailleurs pas donner, puisqu'à cette époque on ne réunissait aucune force, comme Votre Excellence le sait, et comme l'ont prouvé les événements.

Ci-joint une autre copie du registre d'ordre, à la date du 19 février 1867, où se trouve consigné le fait qu'on a battu à coups de fouet une femme de la Bolivie, république que le gouvernement du Paraguay appelait sœur, et dont il conviait les habitants à venir s'établir à Corumba, ainsi qu'il résulte des instructions données par le général Lopez au commandant de la division du Nord, le colonel Vicente Barrios, et à son successeur, dans le commandement de Corumba, le lieutenant-colonel Hermogenes Cabral, instructions dont je vous envoie également copie.

Le journal officiel du Paraguay, le *Semanario de Avisos*, accuse tous les jours, dans les termes les plus violents, notre gouvernement d'être despotique, ennemi de tout principe démocratique. La passion même de ces accusations suffirait pour en démontrer la fausseté; je dois, en attendant, annoncer à Votre Excellence que j'ai rencontré dans ces archives une lettre du général Lopez, autorisant le colonel Cabral à infliger, de son plein gré, la peine de mort aux déserteurs paraguayens.

Si la vie des citoyens de cette république, qui se prétend libre, est à la merci d'un agent subalterne, et si cette terrible autorisation peut être accordée à cet agent par une simple lettre privée, sans publicité d'aucune sorte, il n'est pas étonnant que des Brésiliens faits prisonniers, *sans avoir les armes à la main*, aient été si cruellement maltraités.

Je prends la liberté d'indiquer à Votre Excellence l'utilité de la publication de ces documents. Ces faits odieux de cruauté et de sauvagerie sont tellement contraires aux idées de notre siècle, qu'ils ne pourront être crus que sur des documents comme ceux-ci, dont l'évidence fait disparaître le moindre doute.

Que Dieu garde Votre Excellence! etc., etc.

Signé : J.-V. Couto MAGALHAES,
Président de Mato Grosso.

DOCUMENTS PARAGUAYENS.

Les pièces qui suivent ont été, extraites par moi, et traduites en portugais, du livre des copies de la correspondance et du journal du colonel Hermogenes Cabral, commandant paraguayen, de Corumba, lequel livre se trouve actuellement dans la chancellerie de la présidence de Mato Grosso.

Signé : J.-F. de ALMEÏRA-LOUZADA,
Secrétaire du gouvernement de la province.

1.

A Son Excellence Monsieur le Ministre de la guerre et de la marine, etc., etc.

Campement de Corumba, le 10 août 1865.

Monsieur le Ministre,

J'ai eu l'honneur de recevoir les deux dépêches datées du 26 juin et du 4 juillet, par lesquelles Votre Excellence daigne m'accuser réception de mes notes du 8 et du 15 juin, et des papiers qui les accompagnaient, et me témoigner sa satisfaction en ce qu'il n'y a rien eu de nouveau, ni sur aucun des points qui sont sous mon commandement, ni sur les trois bâtiments de guerre. J'ai reçu également douze exemplaires des numéros 583 et 584 du *Semanario de Avisos*, et six coupures contenant des nouvelles. Elles m'ont rempli de joie, ainsi que toute la troupe qui est sous mes ordres, et je me suis empressé de faire passer un exemplaire de chaque numéro au commandant du vapeur *Anhambahy*, à Cerro Dorado, et aux autres officiers détachés sur différents points de ce district.

Par votre dépêche du 26, j'ai appris qu'à la même date vous avez donné ordre au lieutenant Francisco Gortiaga d'acheter aux négociants de cette place l'étoffe nécessaire pour qu'il fasse faire des vêtements pour ma troupe ; cet achat n'a pu être fait pour différents motifs, ainsi que me l'écrit ledit lieutenant, qui, par le courrier, en avise Votre Excellence.

Le 30 juillet, vers midi, j'ai donné ordre au vapeur *Salto de Guayra*, commandé par le lieutenant de marine Romualdo Nunez, de remonter le fleuve jusqu'à Cerro Dorado. Le bâtiment rentra à quatre heures le même jour, pour me dire qu'il avait rencontré un caporal de marine, venant avec quatre soldats, dans un canot, m'apporter une dépêche du commandant du vapeur *Anhambahy*. Celui-ci m'annonçait que le sergent de marine Genaro Franco, parti du port de Mangaba pour aller chercher des bœufs dans la campagne, était revenu lui donner la nouvelle que tout le bétail avait été emmené par les Brésiliens, et qu'on n'en voyait plus du tout dans les champs.

En conséquence, je fis repartir le *Salto* à sept heures du soir, ayant à bord un capitaine d'infanterie, le lieutenant Mamerto Barreiro, et 50 fantassins bien armés, pour renforcer la garnison de Dorados, pour faire une exploration dans la campagne et poursuivre les Brésiliens, qu'ils apercevraient emmenant le bétail se réunissant en bandes dans la campagne. Je prévins le capitaine qu'il eût à recueillir auprès des Brésiliens qu'il rencontrerait des informations sur les forces brésiliennes existant dans le pays, et qu'il pourrait LES FORCER A CONFESSER toutes les nouvelles qui pourraient avoir quelque intérêt pour nous. JE DONNAI *en même temps audit capitaine* L'AUTORISATION DE METTRE A MORT CEUX QUI NE VOUDRAIENT POINT FAIRE DE RÉVÉLATIONS. Comme j'attendais le résultat de cette commission, je n'ai pu envoyer à Votre Excellence de courrier le 13 courant ; je tenais à rendre compte à Votre Excellence des opérations pratiquées par ledit capitaine.

Il arriva le 7 de ce mois, vers le soir, dans le *Salto*, et je me rendis compte de sa mission. Arrivé le 12 au mouillage de l'*Anhambahy*, en face de l'*Estancia* (la Ferme) de Jozé Dias, il prit un renfort de 24 fantassins avec 1 officier et 10 cavaliers, et remonta le fleuve sur des canots jusqu'à une lieue et demie. Là, débarquant immédiatement, il arriva à huit heures du soir à l'*Estancia* dudit Dias, où il rencontra un noir et deux femmes. Après avoir mis des sentinelles autour de la ferme, il interrogea le noir, lui demanda où les Brésiliens avaient conduit le bétail enlevé à Mongaba. Le noir répondit qu'il n'en savait rien ; alors un Brésilien, qui était chauffeur à bord de l'*Anhambahy*, et que le capitaine avait pris pour guide, l'assura qu'il y avait plus loin un endroit appelé *Santa-Rosa*, où il pourrait trouver du monde. On passa la nuit dans la ferme. Le lendemain matin 31, la troupe se remit en marche, et, malgré une pluie battante, elle arriva à dix heures et demie du matin à Mongaba, où la pluie tombait à flots. Elle y demeura jusqu'au mercredi 2 août ; au petit jour elle se dirigea vers Santa-Rosa, où elle arriva vers onze heures du matin.

Là, le capitaine divisa ses soldats en quatre pelotons, afin d'investir la maison et la ferme. Ils ne trouvèrent pas le propriétaire. Un Brésilien nommé Manoel Gomez, son beau-frère, leur annonça qu'il était parti pour la chasse. Le capitaine ordonna à sa femme de dire à son mari qu'il eût à attendre le retour des Paraguayens, emmenant le jeune beau-frère comme guide.

Il n'avait pas encore quitté la maison de Gomez quand il aperçut un individu qui venait à pied; il envoya aussitôt l'officier Barreiro et deux cavaliers le saisir; on lui enleva sa carabine et ses munitions. Interrogé sur les forces brésiliennes, il répondit qu'il ne connaissait pas de Brésiliens réunis dans les environs, à l'exception de 12 hommes et quelques femmes qui s'étaient refugiés sur une montagne, dans un endroit appelé campement *del retiro*; il dit seulement que deux des habitants de ce campement avaient été à Mongaba conduire deux paires de bœufs et porter quelques objets de ménage. *Ne pouvant obtenir d'autres nouvelles, après l'avoir sommé par trois fois sans résultat,* LE CAPITAINE LE FIT TUER A COUPS DE LANCE, à une petite distance du campement où on lui avait signalé cette réunion d'hommes et de femmes.

Il disposait son monde en petites portions pour entourer l'endroit désigné, quand il fut aperçu par un noir du campement, qui se mit aussitôt à crier : « Les Paraguayens! Les Paraguayens! Hommes et femmes se mirent à fuir. Il fit tirer deux coups de fusil sur le noir, qui ne fut pas atteint, et parvint à s'échapper dans l'épaisseur de la forêt. Les femmes, moins alertes, furent arrêtées au nombre de 22 et 7 enfants; parmi les femmes sont comprises 6 Indiennes. Dans le même endroit, on arrêta un homme qui se cachait et que je fis enchaîner. Les femmes reçurent l'ordre de prendre leurs effets, et, comme il se faisait tard, le capitaine fit camper à quelque distance la troupe et les prisonniers; *il alla ensuite interroger le Brésilien enchaîné, et comme celui-ci refusait de répondre,* IL LE FIT TUER COMME LE PREMIER (1).

Dans le campement, on trouva des outils de charpentier avec lesquels ces gens avaient fait des chariots, 2 fusils, 1 rifle, 5 carabines, une lance, 3 haches de bord, 1 pistolet et une scie; le tout fut mis avec les bagages sur les chariots. On veilla pour voir si ceux qu'on disait être partis pour la chasse reviendraient; on fit battre les environs, personne ne fut aperçu.

Le jeudi soir, après avoir fait mettre le feu au campement sur la montagne, la troupe revint à Santa-Rosa. Chemin faisant, elle rencontra Manoel Gomez; on lui demanda où était le bétail enlevé de Mongaba; il répondit ne pas le savoir; il déclara en même temps que deux individus étaient venus du campement de la montagne amener deux paires de bœufs qui étaient enfermés dans un *corral* (sorte d'écurie en plein air où l'on parque les bœufs) avec d'autre bétail. On ordonna à Gomez de surveiller les individus qui s'étaient enfuis dans les bois, et, aussitôt qu'il en

---

(1) C'est-à-dire à coups de lance.

verrait revenir un, d'en aviser immédiatement le commandant de Dorado.

Le 4, de grand matin, la troupe partit avec les prisonnières et arriva à Mongaba, où elle passa la nuit. Le lendemain, le capitaine donna l'ordre à ses gens de se disperser dans le village et de s'emparer de tout le bétail. Sur 600 têtes, il choisit 50 belles paires de bœufs, qu'il fit mener à bord de l'*Anhambahy*; puis, continuant sa route, il arriva le soir à l'*Estancia* de José Dias; de là, il fit demander au commandant du *Salto de Guayra* des embarcations, sur lesquelles il fit monter, le 6, les soldats et les prisonnières. Le capitaine ajoute que parmi ces dernières se trouve la mère du Brésilien J. José de Oliveira, qui avait été nommé commandant de Mongaba; cette femme assure que son fils, ledit commandant, avait été arrêté par ordre des autorités brésiliennes de Cuyaba.

J'ai fait placer ces femmes, que m'a amenées le capitaine, dans quelques maisons de la ville. . . . .
. . . .
. . . .

Vous m'avisez que le capitaine de corvette Francisco Barreiro, nommé, par décret du 13 juillet, premier officier du Ministère de la guerre et de la marine, est chargé de la direction de ce département, pendant le temps que Votre Excellence restera à Humaïta; c'est donc à cet officier que je dois à l'avenir adresser mes dépêches, et c'est à ses ordres que je dois désormais obéir. Je me ferai un devoir, Monsieur le Ministre, de suivre vos instructions. . . . .
. . . .
. . . .

La commission chargée d'explorer le territoire bolivien de Santo Corazon est de retour, et elle travaille à l'ouverture d'une route carrossable jusqu'au bord de la baie où commence le sentier que j'ai fait tracer. J'attends les ordres de Votre Excellence pour savoir si je dois faire aussi élargir ce sentier, de façon à ce qu'il puisse aussi servir aux charrettes.

Les Brésiliens Joaquim Pires da Silva, Antonio Gaudie Ley, Salvador Correia et Francisco Costa Leite Falcao, m'ont proposé de faire le compte rendu des fêtes célébrées pour l'anniversaire de la naissance du Très-Excellent Seigneur le Président de la République, me suppliant, dans le cas où j'accepterais, de le faire remettre à la presse pour qu'il soit publié, sur mon consentement; ils m'ont remis des pages que j'ai l'honneur de transmettre à Votre Excellence, pour qu'elle juge si ce compte rendu est digne de la publicité.

Dieu garde de longues années à Votre Excellence !

Signé : HERMOGENES CABRAL.

II.

A Monsieur le premier officier du Ministère de la guerre et de la marine au Paraguay.

Campement de Corumba, le 28 novembre 1865.

Monsieur ,

J'ai l'honneur de vous annoncer qu'à la date du 20 courant, j'ai fait arrêter le Brésilien Auguste Monteiro, à qui j'ai fait mettre des fers aux pieds. Il a été dénoncé par un autre Brésilien nommé Antonio José de Moura, pour *avoir rédigé un journal de tous les événements qui se sont succédé depuis les revers éprouvés par les forces brésiliennes dans ce district;* où il mentionnait les vols et les préjudices causés par les forces paraguayennes aux sujets brésiliens, et notamment à lui, Monteiro, et pour *avoir dit au dénonciateur que le gouvernement de la République serait responsable, et qu'il serait forcé, bon gré mal gré, de réparer les désastres causés par la guerre.*

En présence de cette dénonciation, faite par Antonio de Moura, j'ai immédiatement envoyé un officier chez l'accusé, avec ordre de m'apporter tous les papiers qu'il trouverait. Cet officier est revenu en m'apportant l'*insolent journal*, et une liste de l'argent et des effets que ledit Monteiro avait eu l'audace de dire qu'il avait perdus ; en regard de chaque effet se trouvait indiquée la valeur. Ces pièces lui ayant été présentées, il a dit que ce n'était pas lui qui avait écrit ces papiers, non plus que les accusations contre le suprême gouvernement de la République ; mais à *la suite de quelques coups bien appliqués*, il a fini par avouer qu'il a fait écrire d'autres papiers, et qu'il avait poussé à la rédaction de ceux qu'on lui présentait.

Je dois également vous annoncer qu'en vertu de *la dénonciation qui m'a été faite par le chapelain*, que le Brésilien Luiz Leite, demeurant à Urucum, était venu expressément pour lui annoncer qu'un autre Brésilien nommé Manoel Castro, de Mato Grande, avait appris qu'un troisième Brésilien, du nom de Felisberto da Silva, habitant Rabicho, avait dit qu'une force navale s'apprêtait à descendre de Cuyaba, aussitôt la crue de la rivière, pour attaquer le vapeur *Anhambahy*, stationné à Morro dos Dourados, et pour marcher aussitôt après sur Corumba.

J'ai envoyé aussitôt, le 21 de ce mois, le capitaine d'infanterie Pedro Gonçalves, avec un piquet de soldats bien armés, au Rabicho, pour *arrêter Felisberto da Silva.* Aussitôt son arrivée, *je l'ai fait mettre aux fers et interroger.* Comme il niait avoir donné cette nouvelle, on lui présenta le Brésilien auquel il avait raconté qu'une force ennemie s'apprêtait à venir de Cuyaba. Il déclara alors qu'il était vrai qu'il *avait rapporté à Manoel Castro cette nouvelle,* qu'il tenait de quatre espions venus l'année dernière de Cuyaba. Deux de ces espions se nommaient Chico Paes et Joao de Sousa, et avaient habité autrefois Albuquerque; il avait eu avec eux une entrevue dans un bois contigu à sa maison, et d'où il passa, sur l'invitation d'un habitant de Rabicho, également Brésilien, appelé Joao Leandro de Sant'Anna, dans la forêt où se trouvaient les espions : il ajouta que ce dit Sant'Anna pouvait donner des détails plus circonstanciés sur ces espions, avec lesquels, du reste, d'autres Brésiliens, habitant également Rabicho, et appelés Constancio Alves et Francisco Leite, avaient eu des relations.

Sur cet aveu de l'accusé Silva, j'envoyai, le **22**, le capitaine Pedro Goncalves avec une force suffisante de soldats bien armés à Rabicho, dans une embarcation, pour arrêter João Leandro de Sant'Anna, Constancio Alves et Francisco Leite; aussitôt qu'ils arrivèrent au camp, *je les fis charger de fers,* et l'interrogatoire continua. Sant'Anna nia avoir eu une entrevue avec les espions; les deux autres, Alves et Leite, firent de même.

Ayant fait attacher à un banc l'accusé Leandro, je lui fis distribuer cinquante coups de fouet ; alors il avoua l'entrevue, sans pourtant pouvoir préciser si c'était à la fin de septembre ou au commencement d'octobre qu'étaient arrivés les espions. L'un deux, Chico Paes, lui avait raconté qu'il était envoyé avec les autres par le président de Cuyaba, Auguste Leverger, pour chercher des renseignements sur les forces paraguayennes qui occupaient Corumba et autres points du district. L'espion avait ajouté qu'il y avait à Villa-Maria 3 à 4,000 hommes sous les armes, et de 9 à 10,000 à Cuyaba, sans expliquer si dans ce dernier chiffre étaient comprises les forces de Villa-Maria; qu'il se présentait des volontaires pour prendre les armes; que le vapeur *Parana* était en réparation dans le port de Cuyaba, et qu'aussitôt réparé, il devait descendre la rivière, avec d'autres petits vapeurs, portant des soldats dont il n'a pas désigné le nombre, commandés par Porto Carrero, pour attaquer d'abord le vapeur *Anhambahy,* à Dourados, et ensuite marcher sur Corumba, aussitôt que la rivière Cuyaba grossirait, car avant la crue elle n'est pas navigable.

A Cuyaba, avait toujours dit l'espion, régnait la disette; on attendait des vivres de la province de Goyaz; tous les habitants de Cuyaba étaient sous les armes, sans pouvoir travailler aux champs; les riches faisaient seulement travailler leurs esclaves; un noir brésilien et un jeune Paraguayen, déserteurs du vapeur *Anhambahy,* stationné à Dourados, avaient, il y avait peu de temps, donné des renseignements sur les forces paraguayennes dont se composait l'avant-garde ; plusieurs courriers, envoyés antérieurement à Corumba, étaient revenus sans rapporter aucune nouvelle, et il en était de même de ceux qui avaient été expédiés à Albuquerque. Sant'Anna avoua avoir déclaré à Chico Paes qu'il ignorait le chiffre exact des forces occupant Corumba, et les points qui en dépendent; qu'il y avait plusieurs pièces d'artillerie, mais qu'il n'en pouvait dire le nombre ni le calibre, attendu qu'il n'avait pas visité le camp ; que la force navale se composait de quatre vapeurs, dont l'un, qu'il avait vu dans le port, était un bon bâtiment bien armé en guerre; il avoua aussi qu'envoyé à Corumba pour acheter trois arobes de sel, qui, au dire des espions, était très-cher à Cuyaba, il avait été les acheter chez le marchand italien, nommé Nicolao Canalles; disant que c'était pour la consommation de sa maison, et qu'il était revenu à Rabicho, où il avait remis le sel à Chico Paes, qui, après avoir séjourné deux jours et une nuit avec ses camarades, était retourné dans le petit canot qui les avait amenés.

L'accusé Sant'Anna ayant affirmé que Constancio Alves, Francisco Leite, et Felisberto da Silva connaissaient tous ces détails, JE LEUR FIS APPLIQUER LE FOUET, *pour avoir nié.*

L'interrogatoire terminé, *je fis notifier aux quatre accusés, à l'entrée de la nuit du 23, qu'ils seraient fusillés dans la matinée du lendemain, et que,* s'ils voulaient se confesser, ils pouvaient le faire au chapelain, ce que tous firent.

L'accusé Francisco Leite, *après sa confession,* raconta au *chapelain* que l'espion Chico Paes avait envoyé João Leandro de Sant'Anna à ce village demander à une personne, dont il ignorait le nom, des renseignements sur les forces paraguayennes, et que ledit Sant'Anna avait rapporté une lettre pour être remise à Chico Paes. Je fis mettre aussitôt en interrogatoire l'accusé Sant'Anna, qui avoua qu'il était venu dans ce village à la demande de Chico Paes, pour parler à un nommé Fortunato Machado, également Brésilien, lequel, après l'avoir informé verbalement des faits rapportés dans l'interrogatoire qui est résumé plus haut, lui avait remit deux lettres pour João Martins, au Cuyaba, son beau-frère. L'interrogatoire de Sant'Anna terminé, je fis amener Fortunato Machado, et, *après lui avoir mis les fers aux pieds,* je fis procéder à son interrogatoire devant le fiscal. Après avoir d'abord nié, il avoua que, en effet, Sant'Anna était venu chez lui, mais qu'il avait dit seulement que Chico Paes était venu de Cuyaba avec d'autres, sans dire combien, en qualité d'espions, et que, profitant de cette occasion, il lui avait fait remettre une lettre cachetée à l'adresse de son beau-frère, João Monteiro, demeurant à Cuyaba, mais qu'il n'avait adressé aucune lettre à Chico Paes. Il déclara, en outre, n'avoir donné aucun renseignement sur les forces des Paraguayens, la lettre ayant seulement pour but d'annoncer à son beau-frère qu'il était veuf depuis le 10 juillet.

Comme il s'obstinait à nier, je le fis confronter avec l'accusé João de Sant'Anna Leandro, qui lui dit qu'il était inutile de persévérer dans la négation, puisque tout était découvert. L'accusé Machado, *malgré les cinquante coups de fouet que je lui fis administrer, s'obstina à nier.*

En conséquence de l'aveu des cinq traîtres, après qu'ils se furent confessés, *je les fis fusiller tous les cinq, ainsi que l'autre accusé brésilien, Auguste Monteiro,* dénoncé par Antonio José de Moura. Les cadavres furent enterrés dans le cimetière de cette place. Après ce qui s'était passé au Rabicho, je jugeai nécessaire d'envoyer un piquet surveiller ce point, avec ordre donné au sergent d'arrêter quiconque se présenterait sans un passe-port délivré par moi.

Le 26 courant, un Brésilien nommé Jozé Manoel de Compos, demeurant *avec sa famille* au bas du Ladario, à deux lieues environ de notre camp, est venu me raconter que les Brésiliens Joaquim de Castro et Benjamin Bezerra, ses voisins, avaient disparu le jour même, mais que dans la soirée du 25, jusqu'à neuf heures du soir, ils étaient encore dans la maison où ils demeuraient tous les deux.

Le même Campos me raconta aussi que Castro avait emporté dans sa fuite un fusil qu'il avait emprunté audit Campos pour se défendre contre les jaguars : la fuite avait eu lieu à l'aide d'un canot que Castro possédait sur le Paraguay.

Sur ces renseignements, j'envoyai le matin même de ce jour, 26, un sergent d'infanterie avec sept soldats, bien armés, à la poursuite des deux Brésiliens déserteurs. Ils reçurent l'ordre d'entrer avec un canot par le Paraguay-Merin et de remonter le fleuve, parce que c'était le chemin que l'on croyait que les déserteurs avaient pris; pour aider le détachement, je le fis accompagner par un pilote connaissant le fleuve.

Le Brésilien Luiz Botelho, maire de Mato Grande, a adressé une lettre au curé Manoel Idoyaga, en lui communiquant qu'un Brésilien nommé Francisco Nery, fait prisonnier par le lieutenant conducteur des bêtes de somme envoyées par le commandant du district militaire de Alboteley (Miranda), lui avait raconté, il y avait un mois, que quelques jours avant d'être fait prisonnier par le lieutenant, un Brésilien nommé José Faustino lui avait donné la nouvelle que, en passant de la forêt où il était caché vers le Cochim, pour voir quelles gens il y avait là pour s'y rendre avec sa famille, il avait rencontré une troupe brésilienne de 500 hommes de ligne, sous les ordres d'un major.

Francisco Nery, qui avait donné cette nouvelle et qui était resté, par mon ordre, à Albuquerque, sous la garde de l'officier commandant ce poste, fut appelé par moi dans ce camp, et me dit qu'il y avait environ trois mois, le nommé José Faustino lui avait raconté que, en se rendant au Cochim, il avait rencontré 500 hommes d'infanterie et de cavalerie sous les ordres d'un lieutenant-colonel et d'un major, et qu'il lui avait raconté seulement ceci, sans lui dire dans quel but cette troupe se trouvait là.

J'ai le plaisir de vous annoncer que le mémorable anniversaire de la déclaration solennelle de notre Auguste Indépendance a été célébré avec le plus grand patriotisme et le plus vif enthousiasme. J'ai fait illuminer la veille le quartier général, et, dans la salle, il y a eu une soirée qui a duré fort avant dans la nuit.

Le 25, au lever du soleil, j'ai fait hisser le drapeau national en face du quartier général et sur le vapeur de guerre *Salto de Guayra*. On n'a pas fait de saluts, à cause du manque de poudre, le parc ne contenant que les munitions indispensables pour le service des pièces d'artillerie. A neuf heures du matin, le chapelain a célébré une messe à laquelle j'ai assisté avec les officiers de l'armée et de la marine, ainsi que les soldats qui n'étaient pas de service ; cette messe a été dite pour le bonheur de la République et de S. Exc. le maréchal président et général en chef des armées, le citoyen Francisco S. Lopez.

Le chapelain, à la fin de la messe, a fait un discours très-éloquent et approprié à la circonstance.

Après la fête religieuse, je me suis retiré au quartier général, où j'ai adressé aux officiers des paroles patriotiques et sincères à l'occasion de ce grand jour ; elles ont été couvertes d'applaudissements enthousiastes et de vivat à la République et au maréchal président. A sept heures du soir, j'ai donné une autre soirée, à laquelle se sont rendus les officiers et la plupart des étrangers et des Brésiliens des deux sexes, et pendant les danses qui étaient très-animées, ont éclaté des vivat répétés à la République et à son illustre et distingué président, M. le maréchal citoyen Francisco S. Lopez. Cette fête s'est terminée sans incident à trois heures du matin.

Le même 25, le sous-lieutenant de marine citoyen Ezequiel Romao est revenu heureusement de l'embouchure du fleuve Taquary, avec le vapeur qu'il commande, apportant 69 pièces de bétail pour la consommation du camp. A cette occasion, j'ai reçu une dépêche du major citoyen José Freitas, qui me communiquait qu'il avait fait passer 1,984 pièces de bétail sur la rive droite du Paraguay, et qu'il n'avait plus besoin du vapeur.

Sur tous les points qui dépendent de mon commandement, il n'y a rien de nouveau, d'après les informations des officiers qui en sont chargés. Je n'ai point de nouvelles de l'avant-poste de Morro dos Dourados, la distance en est probablement la cause ; d'ailleurs, les dépêches sont envoyées maintenant par des canots qui ont pu être retardés par les vents contraires.

Je vous envoie un tableau des forces que je commande et une liste
nominale des individus malades à l'hôpital.

Que Dieu vous garde! etc., etc.

Signé : HERMOGENES CABRAL
lieutenant-colonel, etc. etc.

III.

Extrait du journal paraguayen du 19 février 1867, où se trouve le compte rendu des supplices, des coups de fouet infligés, à Corumba, à des Brésiliens et à d'autres étrangers.

Martha Rodrigues, naturelle de l'État oriental de l'Uruguay, résidant
en ce village, est venue déclarer que la Bolivienne Maria Bascupé, résidant aussi en ce village depuis plusieurs années, lui avait témoigné son
désir de retourner en Bolivie, parce qu'elle avait appris que les Brésiliens venaient attaquer cette place.

Cette dernière ayant été interrogée répondit que la Chiquitaine (ha-
bitante de la province de Chiquitos-Bolivie), Rita Soarez, demeurant
aussi dans ce village, lui avait donné cette nouvelle, qu'elle tenait d'une
Brésilienne appelée Anna Custodia, qui lui avait répété ce que
lui avait dit la Brésilienne Maria Antonia Veiga, qui savait que
ce bruit courait parmi les Brésiliennes nommées Zuzana Souza, Anna
Ricarda da Silva, Ventura Alves, Anna do Espirito-Santo, Maria do
Carmo, Amalia Souza et Maria dos Santos.

Cette dernière ayant été ensuite interrogée avoua qu'Amalie Souza
lui avait raconté le fait suivant. Une Brésilienne nommée Marcellina da
Silva, se rendant au Ladario le 1er de ce mois, avec l'autorisation nécessaire, et en compagnie des Brésiliennes Luisa Cardozo, Isabel da Cunha,
Martha de Campos et Severina Rosa da Fonceca (ces deux dernières
mineures), pour acheter des vivres, entendirent soudainement, à peu
près vers la moitié de leur route, une voix qui leur criait : « Arrête,
Marcellina! » Elles s'arrêtèrent. Deux Brésiliens sortirent du bois,
portant le costume de matelot et armés de fusils. L'un d'eux demanda
à elle, Marcellina, combien de bâtiments à vapeur se trouvaient dans
le port ; celle-ci répondit qu'il y en avait trois. Lesdits Brésiliens
étaient les nommés Paulo et Ricardo, marins tous les deux.

Amalia Souza, interrogée ensuite, confirma la déposition de Maria
dos Santos, ajoutant que c'était elle qui lui avait tout communiqué.

Marcellina da Silva interrogée déclara que la nouvelle communiquée par elle à Amalia Souza était exacte, ajoutant qu'un des deux Brésiliens lui avait donné des nouvelles de sa mère, qu'elle croit être à Cuyaba ;— qu'une des quatre femmes qui l'accompagnaient, nommée Isabel da Cunha, ayant demandé à l'un des Brésiliens des nouvelles d'un de ses frères, celui-ci avait répondu qu'il se portait bien et qu'il se trouvait à bord du vapeur *Jauru*, dans le port de Melgaço ; que les deux Brésiliens étaient des marins, et que celui qui se nomme Ricardo avait appartenu à l'équipage du vapeur *Anhambahy* ;—que lesdits Brésiliens ne restèrent pas longtemps, et que, sans leur faire d'autres questions, ils disparurent en toute hâte dans la forêt, — qu'enfin elles poursuivirent leur chemin jusqu'à Ladario, d'où elles revinrent le même jour.

Les autres quatre susdites Brésiliennes, interrogées séparément, confirmèrent ce fait. Une d'elles, une mineure (Martha de Campos), ajouta seulement avoir entendu un des Brésiliens dire à Izabel de Cunha que son frère était bien portant à bord du vapeur *Jauru*, au Melgaço, où il y avait beaucoup de monde.

L'interrogatoire de ces cinq femmes étant terminé, lesdites femmes, nommées Marcellina da Silva, Izabel da Cunha, Luiza Cardoro, Martha et Severina Roza da Fonceca, pour n'avoir pas rendu compte de l'apparition desdits Brésiliens, furent condamnées par le commandant à recevoir, les trois premières 60 coups de fouet chacune, attachées à un banc, et les deux dernières, en raison de leur minorité, 25 coups seulement. Amalia Luiza et Maria dos Santos reçurent 50 coups de fouet, pour n'avoir point communiqué ce qu'elles avaient appris ; les autres femmes brésiliennes et la Chiquetaine reçurent également 25 coups de fouet chacune, pour n'avoir pas communiqué la nouvelle qu'elles se transmettaient les unes aux autres. La Bolivienne Maria Bascupé fut punie de 30 coups de fouet, pour avoir simplement déclaré qu'elle désirait retourner dans sa patrie, par crainte de l'arrivée des Brésiliens, au lieu de venir dénoncer à l'autorité la nouvelle que lui avait transmise Rita Soarez.

Après la punition susmentionnée, elles furent toutes relâchées, mais après avoir été bien averties que si, à l'avenir, elles cachaient de semblables nouvelles, elles seraient *punies de mort*.

Paris. — Imprimerie Paul DUPONT, rue de Grenelle Saint-Honoré, 45. — 4202. 40.7